かっこいいをさがせ！⑤

ボーンととぶ くるっとまわる

文研出版

この 本の 監修の 先生から みなさんへ

みなさんは 「とぶ」ことや 「まわる」ことは 好きですか？

わたしは 子どものころ、何も ないのに ただ ジャンプしたり、

くるくる まわって 目を まわすことが 大好きでした。

なぜ こんなことが おもしろいのかな？と 今になって 思うと、

「とぶ」ことや 「まわる」ことは、ふだんとは ちがったかんじが

するから おもしろいということに 気づきました。

この本では、なわとびの 「とび方」や、マットうんどうの 「まわり方」に

ついて 学ぶことが できます。みなさんも この本を 読んで、

あそびながら、楽しく、かっこよく とんだり・まわったりしてください！

ふだんとは ちがったかんじがする うごきだからこそ、むずかしい…

でも、できたら 気もちいい！ ぜひ、いろいろな わざに チャレンジ

してみて くださいね！ あそびながら、とぶこと・まわることを

楽しむことで、みなさんの ココロと カラダが もっと 元気に

なることを いのっています。

比治山大学 短期大学部 幼児教育科 講師 **長野康平**

もくじ

この 本の つかい方

この シリーズの テーマは 楽しく 体を うごかすこと。5かんでは
なわとびの 「とび方」、マットうんどうの「まわり方」に ついて
たくさんの じょうほうを あつめて いるよ。とくいな 子にも
にが手な 子にも わかりやすく つたわるように イラストや しゃしんで
せつめいして いるから 楽しみながら ページを めくってね！

クイズの こたえは 本を
どんどん よんでいけば
わかるように なるよ！

└─ ぎもんを なげかけて いるよ！

わかりやすい イラストが いっぱい！

わかりやすく イラストや
しゃしんを つかって
せつめいして いるよ！

だーれだ！ の
コーナーで おもしろそうな
あそびを さがしてみてね！

うちゅうの かなたから ズレズレ星人（せいじん）が やって きた！
子（こ）どもたちに とりついて うごきの タイミングを ずらしてしまうらしい。
みんなで なわとびと マットうんどうを マスターして ズレズレ星人（せいじん）を
やっつけよう。 おうえんしてね！

へボくん

小学（しょうがく）2年生（ねんせい）の 男（おとこ）の子（こ）。
ごろごろ しながら ゲームを
するのが 大好（だいす）き！

ズレズレ星人（せいじん）
ズレズレ星出身（せいしゅっしん）。
とりついて うごきの
タイミングを ずらす
力（ちから）を もつ。

とぶおくん

くるりちゃん

担任（たんにん）の 先生（せんせい）

へボくんの なかまたち

おばたのお兄さん

かっこいい 人に
聞いてみよう！

スポーツ万能！
タレントの　おばたのお兄さんに
いろいろな話を　聞かせてもらいました！

子どものころから　体を　うごかすのが
大好きだった　おばたのお兄さん。
水えいや　やきゅう、スキー、
けん道など　いろんな　スポーツに
ちょうせんしてきたんだって！

おばたのお兄さん

タレント。1988年生まれ。
体いく　せんもんの　大学、日本体育大学を　そつぎょう。
テレビ番ぐみ『SASUKE』にも　出場して　いるよ。
いろいろな　スポーツに　チャレンジ　している、
かっこいい　げい人さん　なんだ！

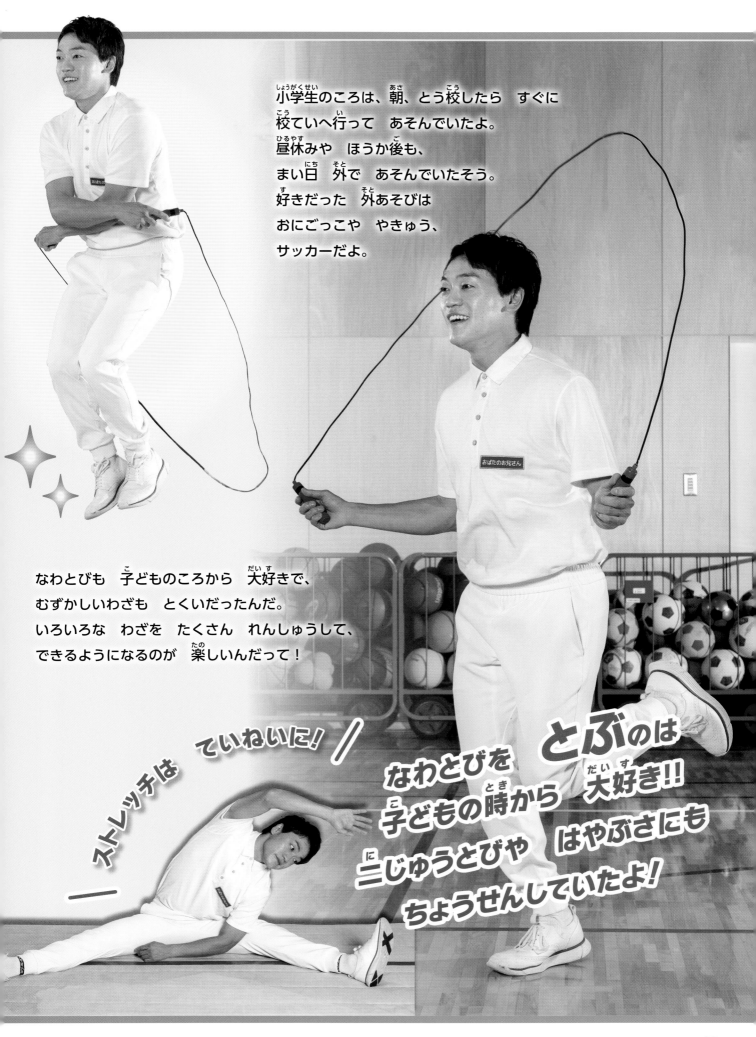

小学生のころは、朝、とう校したら　すぐに
校ていへ行って　あそんでいたよ。
昼休みや　ほうか後も、
まい日　外で　あそんでいたそう。
好きだった　外あそびは
おにごっこや　やきゅう、
サッカーだよ。

なわとびも　子どものころから　大好きで、
むずかしいわざも　とくいだったんだ。
いろいろな　わざを　たくさん　れんしゅうして、
できるようになるのが　楽しいんだって！

ストレッチは　ていねいに！

なわとびを　とぶのは
子どもの時から　大好き！！
二じゅうとびや　はやぶさにも
ちょうせんしていたよ！

前てんのコツは 足を キュッと たたんで まわる!

おばたのお兄さんが 考える マットうんどうの楽しさは、大きく まわれたら かっこいいところだそう。

子どもの ころに 体そう選手の 池谷幸雄さんがテレビで バクてん（立ったまま 後ろにとんで まわる 大わざ）するのを 見て、れんしゅうし、なんと 小学2年生でバクてんを マスターしたんだって!

おばたのお兄さんからちからづよ 力強い アドバイスをもらったよ!

なわとびが にが手な 人は、音楽を ながしてリズムに あわせて とびはねてみて。手びょうししながら ジャンプ して、その後 なわとびをとんだら、とべるかも!

マットが にが手な 人は、たくさん ゴロゴロころがってみよう。そのうちに コツがつかめてくるよ!

おばたのお兄さん
たくさんのお話を
ありがとうございました!

かっこいい！を さがせ！

ポーンととぶ くるっとまわる

かっこいいって なんだと 思う？

かけっこが　はやいこと？　ゲームが　うまいこと？

スタイルが　いいこと？　かっこいいは　よの中に　たくさん　あるよね。

みんなが　思う　かっこいいって　どんなことかな？

この本では　なわとびと　マットうんどうに　ちゅう目してみたよ。

かっこいい　とび方、まわり方って　どんなかな。いっしょに　考えてみよう。

かっこいいな〜
ぼくも　かっこよく
とんだり　まわったりしたいなあ。

なわとびが とべると かっこいいなぁ…

どうして なわとびが にが手なんだろう？

にが手な 気もちの りゆうは 何だろう？

なわとびが にが手な 人も いるよね。
その 気もちは 何が げんいんなのだろう。
にが手な 気もちの りゆうを しることから はじめよう！

なわとびが 当たって いたかったのかな？

なわを とびそこねて、足に なわとびが パチン！
なれないうちは よくあるよね。

さいしょから 思いっきり
まわしすぎてるんじゃない？

まずは あそびで とぶタイミングを おぼえよう！

なわが 当たっても あんまり いたくない あそびをして、まずは なわを とぶことに
なれてみるのは どうかな？ む中で あそんでいるうちに とべるようになるかも しれないよ！

よーし
今日の 体いくは
なわとびを つかって
いっぱい あそぶぞ！

11

かっこいい とび方を しているのは だーれだ！

によろによろ
→14ページ
なわの　なみを
ジャンプで
とびこえよう！

ロープまわし
→14ページ
せまってくる　なわを
とぶことが
できるかな？

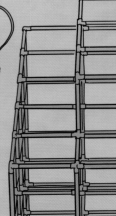

学校の　体いくの時間！
今日は　なわとびあそびだよ。
かっこよく　なわを
とんでいるのは　どの子かな？

楽しそう…!!

大なみ小なみ
→15ページ
歌いながら　みんなで
とんでみよう！

ゆうびんやさん
→15ページ
へんかする　なわに
ついていけるかな!?

なわとびあそびを してみよう！

いろいろな なわとびあそびを しょうかいするよ。なわが 当たるのが
こわい人は まず（1）や（2）で なれるのが おすすめ！

1 にょろにょろ

ふたり一組になって、なわで
にょろにょろした なみを つくろう。
のこりの 人は その上を
とびこえるよ。

なみの 上を
とびこえよう。

なわの はしを
もって 左右に ふり、
なみを つくる。
たてなみでも
やってみよう！

2 ロープまわし

中心の人は、なわを
かたがわだけもって、やさしく
ふりまわそう。のこりの 人は
ちらばっておいて、なわが
きたら とぶよ。

なわが きたら
とぶ。

中心の 人は
なわを もって
その場で まわる。

なわが 高く
なりすぎないように
ちゅうい！

（3 大なみ小なみ）

なわを ゆらす人と とぶ人に わかれて、
歌を 歌いながら なわとびを するよ。

♬ 大なみ小なみ
ぐるっとまわって にゃんこの目 ♪

ふたりで りょうわきに 立って 歌いながら なわを 左右に ゆらすよ。

なわが きたら とぶ。

長なわか、 ふつうの なわとびを 2本 つなげて つかう。

※歌詞や遊び方は地方によって変わることがあります。

（4 ゆうびんやさん）

「大なみ小なみ」とにているけれど、 と中から なわの うごきが かわるよ！

♪ ゆうびんやさん おとしもの
ひろってあげましょ ♬
1まい 2まい 3まい…
ありがとう ♪

"♪ひろってあげましょ"までは 大なみ小なみと 同じ。 "♪1まい 2まい"からは なわを くるっと まわすよ。

なわが きたら とぶ。

長なわか、 ふつうの なわとびを 2本 つなげて つかう。

かっこよく とぶための テクニック

かっこよく とぶためには いくつかの テクニックが あるよ。
何ども 体を うごかして ためしてみることが 大切だよ。

テク1　なわとびの 長さの ちょうせい

なわの 長さは とても 大事。
長すぎると からまったりして
うまく まわせないよ。なわを
かた足で ふんだ時に なわが
こしから むねの 高さに なるように、
長さを ちょうせいしてね。
ちょうせいは かならず
おうちの 人に
やってもらおう。

**チェック
ポイント1**

かた足で ふんで、なわが
こしから むねの あたりまで
くるのが ちょうど いい 長さ。

にぎり方

親ゆびを そえて
にぎろう。
ギューッと
にぎりしめてしまうと
まわしにくいよ。

こんな ふうに なっていない？

なわが 長すぎて まわせない！

メチャナガイガー！

お店で 買ったままの じょうたいだと なわが
すごく 長いことが！ つかう時までに かならず
長さを かくにんして、ちょうせいしよう。

テク2 　なわの　まわし方

かっこよく　とぶためには　まわし方も　大切だよ。

まずは　好きな　まわし方で　とんでみよう！

どんな　とび方に　なっても　ぜんぜん　だいじょうぶ！　まずは　じゆうに　とぼう！

よいしょ

パチン

1　と　2　と

1回　地面に　なわを　おとしてから
とびこえる

1回　とんだ後に　小さく　ジャンプして
タイミングを　ととのえて　とぶ

なれてきたら　かっこいい　まわし方に　チャレンジ！

とぶことに　なれてきたら、
いよいよ　かっこいい
まわし方を　してみよう！

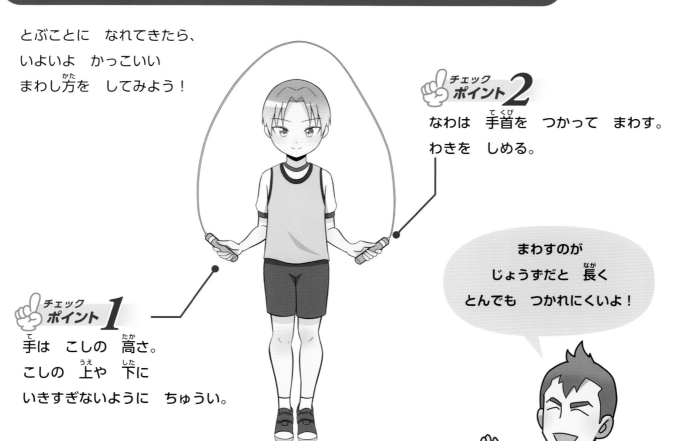

チェック
ポイント2

なわは　手首を　つかって　まわす。
わきを　しめる。

まわすのが
じょうずだと　長く
とんでも　つかれにくいよ！

チェック
ポイント1

手は　こしの　高さ。
こしの　上や　下に
いきすぎないように　ちゅうい。

テク3　前とび

前とびは、すべての　わざの　きほんになる　大切な　とび方だよ。

チェックポイント1

なわが　くるまでに
ひざを　かるく　まげ、
とぶ　じゅんびを　しておく。

1 なわを　後ろから　前に　向かって
まわしはじめる。足は　とぶ
じゅんびを　する。

2 なわとびが　目の前を　通って
下に　きたら、つま先で　まっすぐ
上に　とびあがる。

？ こんな ふうに なっていない？

きょうりゅうのような　大はく力！

ドシンザウルス！

サイコー！

ドシーン！

なわを　とんで　ちゃく地するとき、きょうりゅうの
ように　ドシンドシン　していないかな？　ひざを
つかって　しずかに　やわらかく　ちゃく地しよう。

うでぜん体で なわを 大きく まわしてしまうと
とびにくいよ。17ページの かっこいい まわし方に
チャレンジ！を さんこうにしてね。

3 とんでいる 間に 足の 下に なわを すばやく くぐらせる。

4 しっかりと りょう足の つま先で ちゃく地。1〜4を くりかえすよ。

やってみよう

後ろとび

前とびとは なわを ぎゃくに まわすのが 後ろとび。
なわを 前から 後ろに 向かって まわして とぶよ。手のひらを おしりに 向けて 後ろから たたく イメージで まわしてみてね。

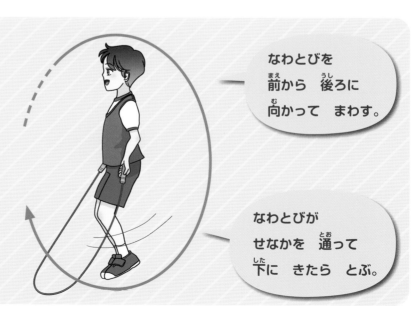

なわとびを 前から 後ろに 向かって まわす。

なわとびが せなかを 通って 下に きたら とぶ。

テク4　かけ足とび

これも　大切な　きほんの　わざ。その場かけ足をしながら　なわを　とぶよ。

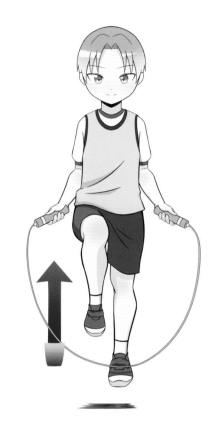

1 なわを　後ろから　前へ　向かって　まわしながら、かた方の　足を　上げる。

2 なわが　目の　前を　通って　下に　きたら、上げた　足で　なわを　またぐように　とびこえる。

? こんな　ふうに　なっていない？

はりきりすぎて　足が　ドタバタ!?

ヒザアゲスギ　ジャー！

とぶ時に　ひざを　高く　上げすぎていると、とびにくく　なるよ。　ひざの　高さは　上の　図を　さんこうに　してね！

うっししし！

なるほど！

3 とびこえた 足で ちゃく地しつつ はんたいの 足を 上げ、なわは その下を すばやく くぐらせる。

4 そのまま なわを まわし、下にきたら またぐように とびこえる。1〜4を くりかえすよ。

やってみよう

いどうしながら かけ足とび できるかな？

その場かけ足ではなく、本当に かけ足をして 前に すすみながら とんでみよう。後ろまわしでも かけ足とびが できる人は、後ろに すすみながら とんでみよう。

上の 図の 2・4の時、その場で かけ足ではなく じっさいに すすむ。

21

友だちと　いっしょに　とんでみよう！

なわとびは、友だちと　いっしょに　とぶのも　楽しい！
おすすめの　とび方を　しょうかいするよ。

ハートとび

まずは　ふたりで　ならんで、うでを　くもう。
外がわの　手で　自分の　なわを、内がわの　手で　友だちの　なわを　もって、まわすよ。
じょうずに　とべたら　ふたりは　最強の　コンビだ！

ペアとび

1本の なわとびを
つかって、ふたりで
とぶのが ペアとび。
ひとりで とぶ時よりも、
なわを 大きく
まわすのが コツだよ。

向かいあう　　**よこに ならぶ**

足じゃんけんとび

前とびをして、なわをとぶ 時に 足じゃんけんを
するよ。なわを ひっかけずに うまく じゃんけん
することが できるかな？

グー　　チョキ　　パー

マットうんどう、だいたい ねころんで おわっちゃう!?

うまく　まわれないのは
なぜだろう？

どうしたら かっこよく まわれるのかな？

マットうんどうって、うまく　いかない　りゆうが　自分でも
よく　わからないってこと、けっこう　あるよね。
まわれる子と　何が　ちがうんだろう？

じょうずに　まわるには　ヒミツが　ある？

何か　うまく　まわるための　コツが　あるのかな？
じょうずに　まわる子は　きっと　ヒミツを　しっているはず！

> わざによって、
> 手の　いちや
> おしりの　いちとか、
> せいこうしやすくなる
> コツが
> ある気がするなぁー

まずは　あそびで　まわるコツを　マスターだ！

どうやら　手をつく　いちや、まわる時の　スピードの　出し方など、
かっこよく　まわるには　いくつかの　ヒミツが　あるみたいだ。
まずは　いっぱい　あそんで、まわるコツを　つかんでみよう。

> あそんでいるうちに
> しぜんと　コツが
> つかめてくるから
> 心ぱい
> いらないよ！

> まわるコツが
> 知りたいです!!

よろしく
おねがい
します!!

ふふっ

くるくる・ゴロゴロを 楽しむ！

マットあそびを見つけよう！

丸太ころがり

→28ページ

マットの　上を
みんなで　ゴロゴロ！

人間ボウリング

→29ページ

ボールに　なって、
ペットボトルを
たおせ！

学校の 体いくの時間！
体いくかんで マットあそびだよ。
キミなら どのあそびを
してみたい？

おもしろそう！

だるまころがり
→29ページ
ふしぎで かわった
ころがり方を
しよう！

ゆりかご
→30ページ
5つの レベルで
ゆらゆらして
あそぼう！

マットで ゴロゴロして あそぼう！

マットを つかった 楽しい あそびを しょうかいするよ。

1 丸太ころがり

丸太みたいに ゴロゴロ
ころがる あそびだよ。
マットの はしから はしまで
ころがることが できるかな？

ゴロゴロ

ばんざいをして
あおむけに なったら
そのまま ころがる。

何人かで いっせいに
ころがっても おもしろいよ！

やってみよう

ペア丸太ころがり　ふたり一組になって 手を つないだまま 丸太ころがりを しよう。
いきを あわせて まわる ことが できるかな？

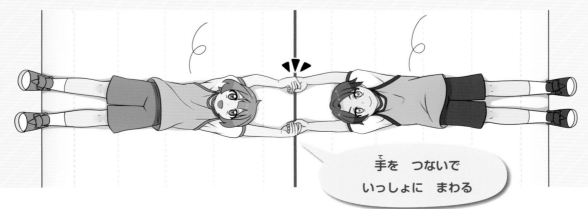

手を つないで
いっしょに まわる

28

② 人間ボウリング

ボールやくと　おすやくで　ふたり一組になり、
きょうりょくして　ペットボトルを　たおそう。
なれたら、うまく　ころがる　ポーズを
自分たちで　考えるのも　楽しいよ。

ボールやくの　人は
よこ向きで　体いくずわりをして、
おしてもらったら　そのまま
ころがる。

水入りの
ペットボトルを　たくさん
たおした　ペアが　かち！

おすやくの　人は
ボールやくを
やさしく　おそう。

マットで
さかみちを　つくる。

③ だるまころがり

あぐらを　かくように　すわって、そのまま　よこ➡　背中➡　よこに　ころがるよ。
あごを　ひいて、すすみたい　方向に　体を　まるめるのが　コツ。うまく いくと、さいしょと
さいごで　ぎゃく向きに　なることが　できるよ。

足の　うらを　しっかり
あわせて、りょう手で
足の　先を　おさえる。

ひざを　つく。

あごを　ひく。

そのまま
たおれる。

ぎゃく向き
かんせい!!

ぎゃく向きに　なるよう
いしきして　体を　まるめる。

背中を　つく。

ひざを　つく。

29

（4 ゆりかご）

レベル1〜5まで　あるよ。好きな　レベルで　あそぶのも　いいし、
レベルアップに　チャレンジしても　おもしろい！

レベル1
体いくずわりで　ゆらゆら

体いくずわりになって　後ろに　ころがるよ。
マットに　背中が　ついたら、そのしせいのまま　前へ　おき上がろう。

ゆりかご

ひざを　がっちり
かかえるよ。

後ろに　ころがって、また　もどる。

レベル2
おしりを　上げよう

もどってきたら

そのまま　おき上がる。

ゆらゆらから　もどる時の
いきおいを　つかって
おき上がってみよう。
マットから　おしりを
はなせるかな？

レベル3
ばんざいで　ゴロゴロ

ばんざいしながら　同じことを
する。

レベル2と　同じことを、りょう手で
ばんざいを　しながら　やってみよう。
しぜんと　スピードが　上がって　くるはず！

レベル4
手足とも　ばんざい

ばんざーい！からの　**ゴロン！**

足は　高く。

足と　おしりを
しっかり　上げると
かっこいい！

手も　足も　のばしたままで　やってみよう。
あおむけの　時に　足と　おしりを　上げると、
かっこいいし　おき上がりやすい！

レベル5
さいごに　立ち上がろう

おきあがる時
うでは　前へ

立つ！！

レベル4の、あおむけで　足を　のばした
じょうたいから、　レベル3のように　足を
たたみながら　前へ　ころがり、そのまま
立ち上がってみよう。スムーズに　立てたら
かっこいい！

やってみよう

ゆりかご　じゃんけん

二人で　ゆりかごを　しながら、
体を　おこした　タイミングで
じゃんけんを　しよう。
ゆりかごの　レベルは
好きなもので　いいよ！

おき上がってきた時に
じゃんけんを　する。

31

かっこよく まわるための テクニック

かっこよく まわるためには いくつかの テクニックが あるよ。
何ども 体を うごかして ためしてみることが 大切だよ。

テク① 前てん

背中を まるめて くるっと 前に まわるのが 前てんだよ。
スピードを つけて まわってみよう！

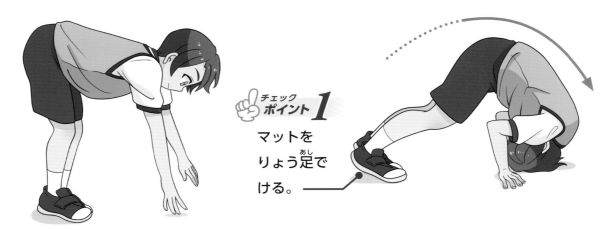

チェックポイント1
マットを
りょう足で
ける。

1 マットの 上に 立ったら、手を 前に
つき、前かがみになって かまえる。
目は 手を つく あたりを 見る。

2 りょう手を マットに
ついたら、つづけて 頭も
マットに つく。

？ こんな ふうに なっていない？

まわりきれずに たおれてしまう！
ヨコニゴローン！

ぐぐ

ゴロン！

上の 図の 1の 時に おしりを しっかり
上げて、2の 時に 頭の てっぺんが マットに
つく ようにしながら、マットを しっかり
けって まわってみてね。

まわる 時の いきおいが
足りないと、よこに
たおれてしまうよ。

チェック
ポイント2

足は のばしたまま
まわる。

チェック
ポイント3

あごを ひく。

チェック
ポイント4

足は 上に 向けて
しっかり のばす。
おしりを もち上げる
のが コツ。

チェック
ポイント5

足を のばしたまま
足と おしりが おりて
くる時の いきおいを
つかって まわろう。

3 前に ころがりながら、かたを
マットに つける。背中は まるめて、
足は のばしたまま まわるよ。

4 背中と おなかに 力を 入れて、
足を 上へ のばす。その後、足を
のばしたまま、背中➡ こしの
じゅんに マットにつけ、まわる。

チェック
ポイント6

ひざを まげて 足を
キュッと たたむ。かかとを
おしりに 近づけよう。

ゆりかごの
うごきと
同じだ！

5 おしりが マットに つく 直前に
ひざを 一気に まげて、体じゅうを
前に かける。

6 手を 前に のばして、おなかに
力を 入れて おき上がろう。

33

おしり➡　背中➡　頭の　じゅんで　後ろに　まわるのが　後てんだよ。
いくつかのコツが　あるから、チェックしてみてね。

チェックポイント**1**

すすみたい　方向に
たいして、背中を
向けて　立つ。

1　後ろ向きに　立って、こしを
少し　おとして　かまえる。

2　マットを　見ながら　こしを
おとし、しゃがむ。

？　こんな　ふうに
なっていない？

ひっくりかえったまま　おき上がれない！

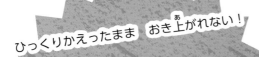
ネコロンジャー！

あ〜
そ〜

スムーズに　おき上がるには　スピードを　つけて
まわることと、マットを　しっかり　おすのが　大切。
どうしても　むずかしい　時は　パーで　マットを
おすのではなく、グーで　マットを　パンチして
おき上がり、かんかくを　つかんでみてね。

34

チェックポイント2

しゃがんでから おしりを
つく時に、できるだけ
遠くに つくのが コツ。

チェックポイント3

前に あった 手を
耳の よこに 向かって
ひいていく。

手のつき方

耳の よこに 手を
パーにして つく。
手は しっかり
マットを おすよ。

ふむふむ

3 しゃがんで すぐに おしりを
つきながら、マットを りょう足で
けって まわる。おなかに 力を
入れると 足が 上がるよ。

4 りょう手を 耳の よこに つけて、
マットを おしながら、おしりを
高く 上げていく。

チェックポイント4

うでを のばす いきおいを
つかって、上半身を おし上げる。

5 足が マットに ついたら、
りょううでで 体を ささえながら
上半身を おこしていく。

6 そのまま 立ち上がる。ひざを
つかずに スムーズに 立てると、
かっこいい！

35

あこがれの かっこいい わざに ちょうせん!

みんなの あこがれ、とう立と そくてんの やり方を しょうかいするよ。
どちらも むずかしいので、れんしゅうする時は 大人の 人と いっしょに しよう。

とう立

さか立ちのことだよ。いきなり ひとりで 立とうとするのは あぶないので、
レベル1から じゅんに やってみてね。

レベル1
かべのぼり

ハイハイの ポーズで
かべに おしりを
向け、そのまま
足で かべを
よじのぼる。

レベル2
かべに 向かって

かべに 足を よりかからせて とう立するよ。
とう立中は ゆかを 見る。

正めんを 向いて
ふみこむ。

りょう手を ついたら
かた足ずつ 上げる。

とう立を やめる時は 手前に もどろう。

そくてん

手➡ はんたいの 手➡ 足 ➡はんたいの 足の じゅんに ちゃく地して、
よこ向きに まわる 大わざだよ。

チェック
ポイント1
とう立の
かまえと 同じ。

1 正めんを 向いて、りょう手を
上げて かまえる。

チェック
ポイント2
とう立の時より
少し 手前に
かた手から つく。

手!

2 左足を 前に ふみこみ、左ひざを
かるく まげて 体を 前に たおしていき、
まずは 左手を マットに つく。

レベル3

人に ほじょして もらう

りょうわきに ふたり、ほじょに 立ってもらって とう立しよう。
ほじょの 人は、とう立した 人が ぜったいに たおれないよう、
しっかり ささえてあげてね。

チェックポイント2

ほじょの 人は
左と 右に
ひとりずつ 立つ。

チェックポイント1

とう立中は ゆかを
見る。

レベル4

ひとりで とう立!!

チェックポイント3

こしが まがらない
ように ちゅうい。

レベル3が スムーズに
できるように なったら
チャレンジ!
さいしょは いつでも
ほじょして もらえるよう、
人に つきそって
もらってね。

チェックポイント3

ひざと つま先を
のばす。

はんたいの **手!**

はんたいの **足!**

足!

3 すぐに 右手も マットに
ついて、りょう足を ひらこう。
さかさに なっている 間は
ゆかを 見てね。

4 右足を つま先から
マットに つける。

5 左足を ふり下して
マットに つけたら、
りょううでを 広げて、
ポーズ!

37

とぶ・まわるって ゆかいで かっこいい！

ここまで　とび方・まわり方に　ついて　たくさんの　ことが　わかったよね。
少しでも　にが手な　気もちが　なくなるといいね！

✧ その後の　ヘボくんは　どうなった？ ✧

かっこよく　とんで　まわれたかな？

キミも
やって　みてね！

もっと　かっこいいを
めざすよ！

「かっこいいをさがせ！」第5巻　いかがでしたか？　なわとびも　マットうんどうも
はなやかで、うまく　できると　かっこいいですよね。でも、さいしょから　うまくできなくたって
いいのです。まずは　いっぱい　あそんでみてください。「あそんでいるうちに、できちゃった！」
それも　かっこいいの　ひとつの　形かも　しれませんね。

元中央区立泰明小学校校長　和田　利次

監修

長野康平（ながの　こうへい）　**比治山大学　短期大学部　幼児教育科　講師**

福島県いわき市出身。比治山大学　短期大学部幼児教育科　講師。山梨大学教育人間科学部卒業。山梨大学大学院教育研究科で発育発達学の研究を経て、現職。日本体育・スポーツ・健康学会、日本発育発達学会、日本体育科教育学会等に所属。幼児の心身の成長に役立つ遊びのプログラムや指導についての研究や講師などを行う。

和田利次（わだ　としつぐ）　**元中央区立泰明小学校校長**

江東区教育委員会指導主事、東京都教育委員会指導主事、中央区教育委員会指導室長などを経て、2013年〜 2018年まで中央区立泰明小学校の校長を務める。

指導協力

竹谷直史（中央区立月島第二幼稚園）

岩田純一（文京区立誠之小学校）

熊坂佳太郎（品川区立八潮学園）

●装丁　ニシ工芸株式会社（岩上仁子）

●本文デザイン　ニシ工芸株式会社（小林友利香）

●キャラクターイラスト・まんが　ふじわらのりこ

●ポーズイラスト　ニシ工芸株式会社（髙塚小春）、キリコ

●イラスト　是村ゆかり

●撮影　ホソミタクヤ

●写真　AFRC-234 ／イメージマート

●編集協力　小山由香、
　　　　　　ニシ工芸株式会社（大石さえ子、髙塚小春、高瀬和也）

かっこいいをさがせ!
全5巻

① **ピンッとしせい**
② **ビューンとはしる**
③ **シュッとなげる**
④ **スイスイおよぐ**
⑤ **ポーンととぶ　くるっとまわる**

全巻セット定価：16,500円
（本体15,000円＋税10%）
ISBN978-4-580-88771-8

かっこいいをさがせ!
⑤ポーンととぶ　くるっとまわる　　ISBN978-4-580-82617-5
　　　　　　　　　　　　　　　　　　　　C8375　NDC780　40P　30.4×21.7cm

2024年2月28日　第1刷発行

監修　長野康平、和田利次
発行者　佐藤諭史
発行所　文研出版

〒113-0023　東京都文京区向丘2丁目3番10号
〒543-0052　大阪府大阪市天王寺区大道4丁目3番25号
電話 (06) 6779-1531　児童書お問い合わせ (03) 3814-5187
https://www.shinko-keirin.co.jp/

印刷所／製本所　株式会社 太洋社